PEPERONI BOOKS

TRANSUMANZA | ITALIAN PASTORAL
Stefano Carnelli

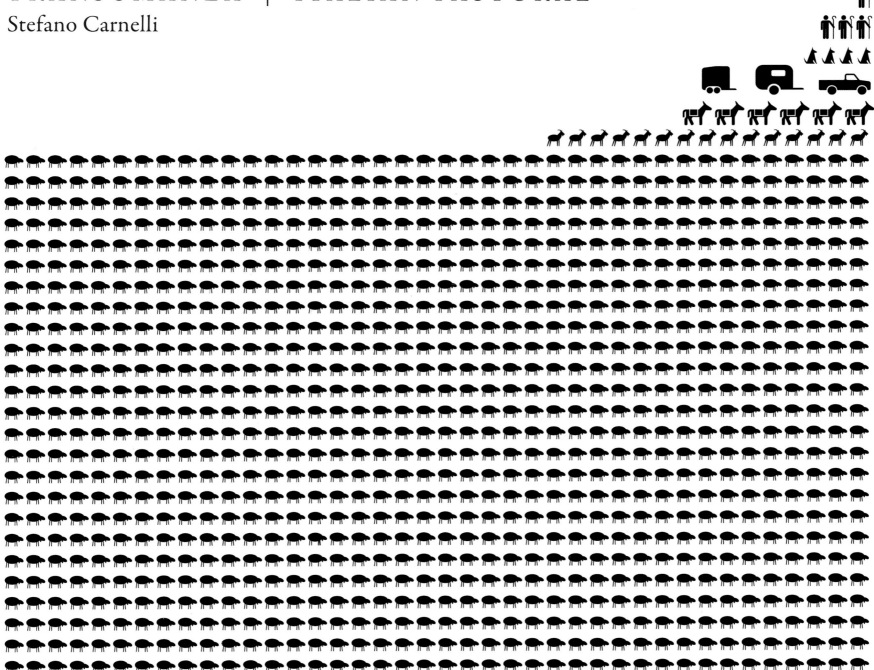

Transhumance
Monica Sassatelli

Michele is 26 and has 1000 sheep. He walks with his flock from Trescore Balneario, passing by the lake of Endine and then up all the way to the Scalve valley. Mirko moves across the plains of Busto Arsizio and then up to Domodossola, away from his village and from home for most of the year. Andrea, also 26, belongs to a family who have shepherded for generations: he respects traditions and the land he crosses with his flock. Danilo, Michele's father, doesn't know yet if he will go up on foot or by lorry this year.

Stefano Carnelli has followed, listened to, and portrayed these transhumant Lombard shepherds. The result is a tale of apparently linear paths, repeated as they were inherited and yet requiring continuous adaptation. These shepherds follow, even in their narratives, stable routes they know by heart and that at the same time only exist because they walk them, tracing them anew every time, by necessity the same and different. The linear narrative is thus challenged: the long-distance displacement of seasonal transhumance, and the shorter, everyday wandering field-to-field also both appear cyclical. Repetition becomes innovation. Transhumance, in fact, comes from Latin – trans (through) and humus (ground, soil) – stressing transit and crossing more than departure and arrival, always precarious.

Recent surveys[1] show there are about 60 transhumant shepherds still active in Lombardy. Flocks are now larger than in the past, between 1000 and 1500 head each. This is due to a changed economic model where the profitable commodity is no longer wool but meat, especially where the entire animal is to be slaughtered, particularly sought after by the growing Muslim community. Today, only a minority of shepherds still make the transhumance (from the lowlands to the mountain pastures in the Spring and back to the lowlands in Autumn) on foot. The majority do so by truck, faster than on foot and more predictable, even if more expensive. On foot, it takes ten to twenty days, with each shepherd following his own unique path, inherited or informally acquired and exclusive to him (female shepherds are rare). This is the batida. Never mapped or written down, the route traced by each specific batida is not even completely stable: for the most part, when in lowlands shepherds graze interstitial spaces that are waiting to find a new use, and therefore a consolidated path may be disrupted by new buildings, new roads, and even new crops, requiring alternative ways and new negotiations. Even so, the batida fulfils its regulatory role: shepherds know not only their own, but also everyone else's, and this mental map is their main compass. Choosing to move on foot is then both an economic and a cultural choice, but it does not mean rejecting change or 'modern methods' as a threat to tradition. A dog is ever present - one dog per shepherd, and vice versa - but the modern transhumant shepherd is not afraid to use pick-up trucks as well as donkeys with saddlebags. The shepherds themselves speak of customs and traditions but, at the same time, describe a scenario in flux.

Perhaps paradoxically, this unwritten habitus of contemporary transhumance finds itself aptly and effectively portrayed in photography. After two years of fieldwork research, Carnelli has decided to use here only images to portray this complex world, showing shepherds and flocks inhabiting a space surprisingly removed from the usual pastoral imaginary. We discover, as he did, that they often move through stark suburban and industrial areas that rarely resemble the bucolic environment our imagination would like to place them in. And yet, the picturesque and the pastoral are somehow still present in these images, in an unexpected glitch. Carnelli seems in fact to have learned the lesson of the English landscape masters from the eighteenth century: he uses their same grammar, follows their composition rules. But here, behind a centenary oak, now lurks a gigantic bulldozer, and that small group of sheep looking for shade, does so under an enormous electricity pylon, not the canopy of a quaint maple tree.

Immersed in a white outline and without words, this book's collection of snapshots does not shy away from the abstraction and condensation necessary to any attempt to represent this world. What happens in these images will never reoccur in exactly the same way again, and with his deliberate absence of captions Carnelli invites us to react, first of all, to an aesthetic of the particular. Yet it is precisely for this reason that these photographs are also evocative, they let us imagine the situations from which they emerge and make us wonder about the conditions that make them possible.

The silence of the images echoes the transit without a trace of these flocks and their temporary merging with the landscape, but also transmits a sense of impotence towards much faster and louder forces of the transformation that constantly threaten the traditional routes of the transhumant shepherds.

The intentional absence of text foregrounds the sequence of the images, forces us to extract from it our own interpretation, taking us inside the images' content, on the road with the shepherds and their sheep. The book moves from start to finish, from the valley to the mountain, but it also shows different, equally important cycles and patterns: the many pragmatic moments and rituals that mark transhumance's daily rhythm - meals, stops, crossing towns - but also the remarkable seasonal 'events' such as shearing and the livestock fairs. In a book without words, it is the sequence of images that helps us reading it. One proceeds by comparison, adding up similarities and repetitions, noting differences and absences. As the sociologist and photographer Howard Becker observed, the absence of text does not cancel the author's voice, rather it hides it, so that we tend to imagine it as both a stable and coherent point of view, to be inferred through the final montage itself [2]. Here, the latter very aptly overlaps with the journey's trajectory. But not only: like the shepherds who return from the mountain down to the valley every autumn to once again begin their journey back up next spring, the book suggests a circular reading as much as a linear one, each page a possible arrival, or departure.

[1] Data gathered within the project ›Intangible Search. Inventario del patrimonio immateriale delle regioni alpine‹ by the Region Lombardia and available online: http://www.intangiblesearch.eu/show_ich_detail.php?db_name=intangible_search&lingua=italiano&idk=ICH-CME00-0000000087# (last accessed August 2016).

[2] Howard, S. Becker, ›Categories and Comparisons: How We Find Meaning in Photographs‹, Visual Anthropology Review 14 (2), pp.3-10, 1998.

Transumanza
Monica Sassatelli

Michele ha 26 anni e 1000 pecore, transuma a piedi, salendo per Trescore Balneario, poi lago d'Endine e su fino alla val di Scalve. Mirko fa la pianura di Busto Arsizio e poi su a Domodossola, lontano dal paese d'origine e da casa per buona parte dell'anno. Anche Andrea ha 26 anni e viene da una famiglia di pastori da generazioni, tiene molto al rispetto delle consuetudini e dei terreni che si attraversano. Danilo, il padre di Michele, ancora non sa se salirà a piedi o in camion quest'anno.

Stefano Carnelli ha accompagnato, ascoltato e ritratto questi pastori transumanti lombardi. Ne è emerso il racconto di percorsi in apparenza lineari, spesso dettati da modi di vita ereditati e che pure richiedono adattamento continuo. I pastori seguono, anche nel racconto, tragitti consolidati in cui si muovono sicuri lungo una mappa interiore e che allo stesso tempo esistono solo perché ci sono loro a percorrerli, a tracciarli ogni volta in modo necessariamente uguale e diverso. E così la linearità si complica: il movimento, quello lungo della transumanza stagionale ma anche quello breve del pascolo vagante di giorno in giorno, si rivela anche ciclico, la ripetizione anche innovazione. Transumanza, non a caso, dal latino trans (attraverso) e humus (terra), pone l'accento sul transito e attraversamento più che su partenze e arrivi, sempre precari.

Rilievi recenti[1] contano circa 60 pastori transumanti in Lombardia. Le greggi si sono fatte più grandi che in passato, tra i 1000 e i 1500 capi, a causa di un mutato modello economico, per cui il prodotto redditizio non è più la lana, ma la carne, o meglio l'animale intero da macellare, particolarmente cercato dalla crescente comunità islamica. Ormai solo una minoranza effettua a piedi la transumanza - lo spostamento dalla valle alla montagna in primavera (monticazione) e viceversa in autunno (demonticazione). La maggioranza lo fa in camion, più rapido e senza sorprese, anche se più costoso. A piedi occorrono dai 10 ai 20 giorni, seguendo ognuno un percorso proprio e unico, che si eredita o acquisisce, quasi come le licenze in ambiti più standardizzati, qui però in modo informale. Questo è infatti l'istituto della batida: un'area e una serie di passaggi ereditati o acquisiti da ogni pastore e a lui (rari i pastori donna) esclusivi. Mai scritta, la batida non è nemmeno mai del tutto stabile: a valle il pastore spesso ricorre a spazi interstiziali in attesa di nuova destinazione, e così nuove costruzioni, nuove strade, persino nuove coltivazioni possono sempre interrompere una via consolidata e richiedere vie alternative e nuovi accordi. Ma non per questo la batida è meno efficace come strumento di regolazione: ogni pastore conosce la propria e quella degli altri pastori, e questa mappa mentale è la loro principale bussola. Muoversi a piedi è una scelta dunque economica e anche culturale, ma non significa un rifiuto del cambiamento, dei metodi 'moderni' come se minacciassero la tradizione: il cane non manca mai - un pastore, un cane, e vice versa - ma il pastore transumante fa anche uso di pick-up come di asini con basto. I pastori stessi parlano di consuetudini e allo stesso tempo descrivono uno scenario in continuo mutamento.

Forse paradossalmente, proprio questo regime non scritto rende la fotografia particolarmente efficace ed adatta a ritrarre la transumanza contemporanea. Dopo due anni di ricerca sul campo, Carnelli ha deciso di ritrarre per sole immagini questo mondo complesso. Il libro mostra pastori e greggi dove l'immaginario non se li aspetta – in ben poco bucoliche periferie urbanizzate e industriali per esempio. Eppure, pittoresco e pastorale rimangono presenti in queste immagini, in modo forse inaspettato. Carnelli sembra aver appreso la lezione dei maestri del paesaggio inglese del diciottesimo secolo: ne usa la stessa grammatica, ne segue le regole di composizione. Solo che qui, dietro una quercia secolare, si intravede un bulldozer, e quel piccolo gruppo di pecore in cerca d'ombra la trova sotto un imponente pilone elettrico, non nel verde ombrello di un acero.

Immersa in un contorno bianco e senza parole, questa collezione di snapshots nemmeno tenta di nascondere l'astrazione e condensazione necessarie a ogni tentativo di rappresentare questa realtà. Queste immagini non si ripeteranno mai più esattamente uguali – e il fotografo ci invita anche con l'assenza di didascalie a reagire prima di tutto a questa estetica del particolare. Le inquadrature non rimandano ad altro che a questi particolari momenti. Eppure proprio per questo sono anche evocative, ci permettono di immaginare le situazioni da cui emergono e di interrogarci sulle condizioni che le rendono possibili. Il silenzio delle immagini evoca il transito senza traccia delle greggi e il fondersi temporaneo con il paesaggio così come il senso di impotenza verso forze trasformative ben più veloci e chiassose che minacciano costantemente i percorsi tradizionali dei pastori transumanti.

L'intenzionale assenza di testo porta in primo piano la sequenza di immagini, ci spinge ad estrarre da questa un'interpretazione – e ci porta così dentro il contenuto delle immagini, in viaggio con i pastori e le pecore. Il libro si sviluppa dalla partenza all'arrivo, dalla valle alla montagna, ma mostra anche altri cicli e dimensioni: i vari momenti pragmatici e rituali che segnano le giornate nel ritmo quotidiano – i pasti, le soste, gli attraversamenti urbani – così come gli 'eventi' stagionali notevoli quali la tosatura e la vendita. In un libro senza parole, è la disposizione delle immagini che aiuta a leggere di cosa si parla. Procediamo per comparazione, sommando similitudini e ripetizioni, notando differenze e assenze. Come è stato osservato dal sociologo e fotografo Howard S. Becker, l'assenza di un testo non elimina la voce dell'autore, semmai la nasconde, facendola immaginare come un punto di vista solido e coerente, da dedurre dal montage stesso. Qui, dunque, in modo assai pertinente, dalla sequenza del viaggio[2]. Ma non solo: come i pastori, che giunti a monte, dopo pochi mesi tornano a valle e ricominciano il pascolo vagante, anche il libro presuppone una lettura circolare tanto quanto una lineare, ogni pagina un possibile arrivo, o partenza.

[1] Dati raccolti nell'ambito del progetto ›Intangible Search. Inventario del patrimonio immateriale delle regioni alpine‹ dalla Regione Lombardia, disponibili online alla pagina: http://www.intangiblesearch.eu/show_ich_detail.php?db_name=intangible_search&lingua=italiano&idk=ICH-CME00-0000000087# (ultimo accesso Agosto 2016).

[2] Howard, S. Becker, ›Categories and Comparisons: How We Find Meaning in Photographs‹, Visual Anthropology Review 14 (2), pp.3-10, 1998.

Thanks:
Danilo Agostini, Michele Agostini, Giuseppe Bossetti, Andrea Galbusera,
Franco Galbusera, Adelmo Grassenis, Omar Grassenis, Mirko Imberti, Giuseppe Salvi,
Daniele Savoldelli, Tino Ziliani.

Stefano Carnelli
Transumanza / Italian Pastoral

First Edition 2016

Copyright © Peperoni Books 2016
Copyright © Photographs: Stefano Carnelli
Copyright © Text: Monica Sassatelli

Design: Stefano Carnelli, Hannes Wanderer
Translation: Monica Sassatelli
Printed by Wanderer, Germany

ISBN: 978-3-941249-06-6

www.peperoni-books.de
www.stefanocarnelli.com